GÜTERSLOHER
VERLAGSHAUS

W0338017

Gütersloher Verlagshaus. Dem Leben vertrauen

Dietrich Bonhoeffer

Wer bin ich?

Texte und Briefe zur Besinnung

Gütersloher Verlagshaus

Eine kurze Zusammenfassung seines Lebens

Dietrich Bonhoeffer wurde am 4. Februar 1906 in Breslau geboren. Sein Vater, Karl Bonhoeffer, war Professor für Neurologie und Psychiatrie und seine Mutter, eine überzeugte Christin, Paula Bonhoeffer, widmete sich dem Haushalt und der Erziehung ihrer acht Kinder.
Dietrich war ein sensibles, begabtes und aufgewecktes Kind. Von seiner Mutter erhielt er schon in frühen Jahren gemeinsam mit seinen Geschwistern Susanne, Sabine, Christine, Ursula, Klaus, Walter und Karl-Friedrich Religionsunterricht.
Als Dietrich sechs Jahre alt war, übersiedelte die Familie Bonhoeffer nach Berlin. Dort besuchte er das Gymnasium, studierte anschließend Theologie und habilitierte sich im Alter von 24 Jahren. Neben seiner Tätigkeit als Pfarrer lehrte er zunächst in New York und später in Berlin.

Eine kurze

Bonhoeffer unternahm ihn in seiner Persönlichkeit und Haltung prägende Reisen nach Italien und New York, bis sich schließlich sein Leben mit dem Jahr der Machtergreifung Hitlers 1933 grundlegend veränderte. Von nun an engagierte er sich leidenschaftlich in der kirchlichen Opposition. Widerstand war gesetzlich verboten, stand aber für Bonhoeffer unter dem Zeichen der Liebe zu denen, die schweres Unrecht erleiden mussten.

Im Oktober 1933 ging Bonhoeffer nach London, wo er zwei Jahre lang als Pfarrer tätig war. Dort berichtete er öffentlich über das Vorgehen der Nationalsozialisten in Deutschland. Später auf der dänischen Insel Fanö hielt er eine viel beachtete Friedensrede und zog durch weitere unermüdliche politische Aktivitäten und auch Verbindungen zu Juden immer stärker die Aufmerksamkeit des nationalsozialistischen deutschen Regimes auf sich.

Wieder nach Deutschland zurückgekehrt übernahm er das illegale Predigerseminar in Finkenwalde bei Stettin, das bereits kurze Zeit später 1937 polizeilich geschlossen wurde. Bonhoeffer setzte seine Arbeit im Untergrund fort und erhielt 1940 schließlich ein offizielles Lehr-, Predigt- und Publikationsverbot.

Zusammenfassung

Eine zweite Amerikareise im Sommer 1939 brach Dietrich Bonhoeffer nach sechs Wochen ab. Er wusste, dass es für ihn in Deutschland gefährlich werden konnte, aber es war für ihn unmöglich, Familie und Freunde in dieser schwierigen Zeit alleine zu lassen. Nach der Rückkehr ging Dietrich Bonhoeffer vom bisher nur kirchlichen in den politischen Widerstand. Ungeachtet seiner neuen Aufgaben setzte er seine theologischen Arbeiten fort.
Im Alter von 37 Jahren lernte Bonhoeffer die 18jährige Maria von Wedemeyer kennen, mit der er sich im Januar 1943 verlobte. Zur Hochzeit kam es jedoch nicht, da die konspirative Arbeit Bonhoeffers entdeckt wurde und die Gestapo ihn am 5. April 1943 verhaftete.
Es begann die Zeit der Haft im Gefängnis Tegel, und nach dem gescheiterten Attentat auf Adolf Hitler, im Hauptgefängnis der Gestapo in der Prinz-Albrecht-Straße. Im Februar 1945 kam Dietrich Bonhoeffer in das Konzentrationslager Buchenwald und anschließend in das Lager Flossenbürg. Dort wurde er am 9. April 1945, gemeinsam mit anderen Widerstandskämpfern, kurz vor Ende des Zweiten Weltkrieges, auf Verfügung Hitlers verurteilt und hingerichtet.
Die Aufzeichnungen und Briefe aus der Haft, die aus dem Gefängnis geschmuggelt werden konnten, wurden nach dem Krieg unter dem Titel *Widerstand und Ergebung* veröffentlicht. Sie sind ein Beispiel für Anstand, Mut und Klugheit, finden weltweite Beachtung und sind ein Grund dafür, dass Dietrich Bonhoeffer einer der meist gelesenen Theologen der Gegenwart ist.

seines Lebens

Die beiden bekanntesten Gedichte *Von guten Mächten* und *Wer bin ich?*, ein besonderes Zeugnis für das Spannungsverhältnis von Depression und innerer Stärke, gehören zu diesen Aufzeichnungen. Die Briefe zwischen Dietrich Bonhoeffer und seiner Braut sind in dem Buch *Brautbriefe Zelle 92* dokumentiert. Für Dietrich Bonhoeffer bedeuteten die Briefe seiner Braut ein „unbeschreibliches Glück", das in seine Zelle gebracht wurde.

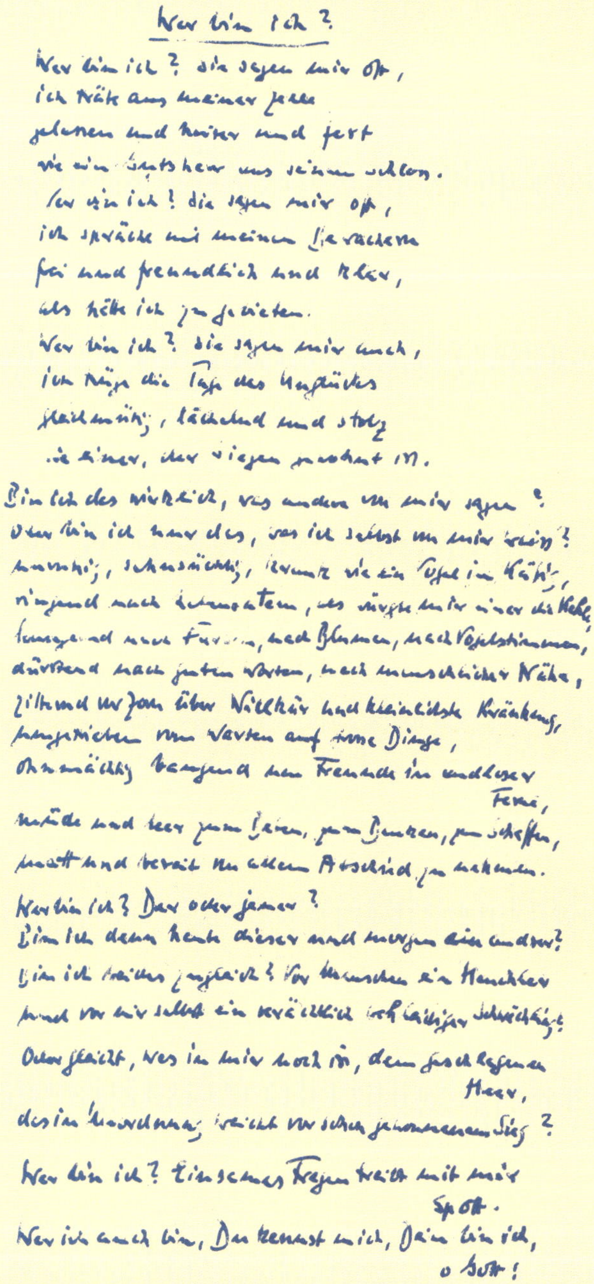
Wer bin ich?

Wer bin ich? Sie sagen mir oft,
ich träte aus meiner Zelle
gelassen und heiter und fest
wie ein Gutsherr aus seinem Schloß.
Wer bin ich? Sie sagen mir oft,
ich spräche mit meinen Bewachern
frei und freundlich und klar,
als hätte ich zu gebieten.
Wer bin ich? Sie sagen mir auch,
ich trüge die Tage des Unglücks
gleichmütig, lächelnd und stolz,
wie einer, der Siegen gewohnt ist.
Bin ich das wirklich, was andere von mir sagen?
Oder bin ich nur das, was ich selbst von mir weiß?
unruhig, sehnsüchtig, krank, wie ein Vogel im Käfig,
ringend nach Lebensatem, als würgte mir einer die Kehle,
hungernd nach Farben, nach Blumen, nach Vogelstimmen,
dürstend nach guten Worten, nach menschlicher Nähe,
zitternd vor Zorn über Willkür und kleinlichste Kränkung,
umgetrieben vom Warten auf große Dinge,
ohnmächtig bangend um Freunde in endloser Ferne,
müde und leer zum Beten, zum Denken, zum Schaffen,
matt und bereit, von allem Abschied zu nehmen.
Wer bin ich? Der oder jener?
Bin ich denn heute dieser und morgen ein andrer?
Bin ich beides zugleich? Vor Menschen ein Heuchler
und vor mir selbst ein verächtlich wehleidiger Schwächling?
Oder gleicht, was in mir noch ist, dem geschlagenen Heer,
das in Unordnung weicht vor schon gewonnenem Sieg?
Wer bin ich? Einsames Fragen treibt mit mir Spott.
Wer ich auch bin, Du kennst mich, Dein bin ich, o Gott!

Wer bin ich?

Wer bin ich? Sie sagen mir oft,
ich träte aus meiner Zelle
gelassen und heiter und fest
wie ein Gutsherr aus seinem Schloß.

Wer bin ich? Sie sagen mir oft,
ich spräche mit meinen Bewachern
frei und freundlich und klar,
als hätte ich zu gebieten.

Wer bin ich? Sie sagen mir auch,
ich trüge die Tage des Unglücks
gleichmütig, lächelnd und stolz,
wie einer, der Siegen gewohnt ist.

Bin ich das wirklich, was andere von mir sagen?
Oder bin ich nur das, was ich selbst von mir weiß?
Unruhig, sehnsüchtig, krank, wie ein Vogel im Käfig,
ringend nach Lebensatem, als würgte mir einer die Kehle,
hungernd nach Farben, nach Blumen, nach Vogelstimmen,
dürstend nach guten Worten, nach menschlicher Nähe,
zitternd vor Zorn über Willkür und kleinlichste Kränkung,
umgetrieben vom Warten auf große Dinge,
ohnmächtig bangend um Freunde in endloser Ferne,
müde und zu leer zum Beten, zum Denken, zum Schaffen,
matt und bereit, von allem Abschied zu nehmen?
Wer bin ich? Der oder jener?
Bin ich denn heute dieser und morgen ein anderer?
Bin ich beides zugleich? Vor Menschen ein Heuchler
und vor mir selbst ein verächtlich wehleidiger Schwächling?
Oder gleicht, was in mir noch ist, dem geschlagenen Heer,
das in Unordnung weicht vor schon gewonnenem Sieg?

Wer bin ich? Einsames Fragen treibt mit mir Spott.
Wer ich auch bin, Du kennst mich, Dein bin ich, o Gott!

Wer bin ich? *Sie sagen mir oft,*
ich träte aus meiner Zelle
gelassen und heiter und fest
wie ein Gutsherr aus seinem Schloß.

Erstes Morgenlicht schleicht durch mein Fenster
bleich und grau,
Leichter Wind fährt mir über die Stirn
sommerlich lau
„Sommertag!“ sage ich nur, „schöner Sommertag!“
Was er mir bringen mag?

Da hör’ ich draußen hastig verhaltene Schritte gehen.
In meiner Nähe bleiben sie plötzlich stehn.
Mir wird kalt und heiß,
ich weiß, o, ich weiß!

Wer bin ich? *Sie sagen mir oft,*
ich spräche mit meinen Bewachern
frei und freundlich und klar,
als hätte ich zu gebieten.

Gehorsam folgt blind,
Freiheit hat offene Augen.
Gehorsam handelt ohne zu fragen,
Freiheit fragt nach dem Sinn.
Gehorsam hat gebundene Hände,
Freiheit ist schöpferisch.
Im Gehorsam befolgt der Mensch
die Gebote Gottes,
in der Freiheit schafft der Mensch
neue Gebote.
In der Verantwortung realisiert sich beides,
Gehorsam und Freiheit.

Wer bin ich? *Sie sagen mir auch,*
ich trüge die Tage des Unglücks
gleichmütig, lächelnd und stolz,
wie einer, der Siegen gewohnt ist.

Optimismus ist in seinem Wesen
keine Ansicht über die gegenwärtige Situation,
sondern er ist eine Lebenskraft,
eine Kraft der Hoffnung, wo andere resignieren,
eine Kraft, den Kopf hochzuhalten,
wenn alles fehlzuschlagen scheint,
eine Kraft, Rückschläge zu ertragen,
eine Kraft, die die Zukunft
niemals dem Gegner läßt,
sondern sie für sich in Anspruch nimmt.

Bin ich das *wirklich,*
was andere von mir sagen?

Wünsche, an die wir uns zu sehr klammern,
rauben uns leicht etwas von dem,
was wir sein sollen und können,
Wünsche, die wir um der gegenwärtigen Aufgabe willen
immer wieder überwinden,
machen uns – umgekehrt – reicher ...

Oder bin ich *nur das,*
was ich selbst von mir weiß?

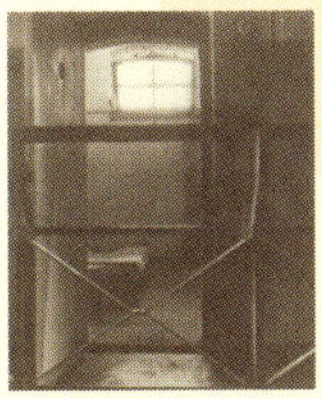

Ich bin allein.
Da ist keiner,
dem ich mein Herz ausschütten kann.
So tue ich es vor mir selbst
und vor dem Gott,
zu dem ich schreie.
Es ist gut,
sein Herz auszuschütten
in der Einsamkeit
und den Kummer
nicht in sich hineinzufressen.

… Dies ist ein Augenblick, in dem man so viel zu sagen hat, daß man eigentlich nur schweigen kann. Das Herz ist so voll von guten, friedlichen und dankbaren Gedanken und es weiß sich so geborgen vor allen Gefahren und Anfechtungen, daß es etwas abgeben möchte von dem, was es unverdient empfangen hat. …

Auszug eines Briefes Dietrich Bonhoeffers an seine Verlobte, Heilig Abend 1943

Unruhig, sehnsüchtig, *krank,*
wie ein Vogel im Käfig,
ringend nach Lebensatem,
als würgte mir einer die Kehle.

Herr Gott,
großes Elend ist über mich gekommen.
Meine Sorgen wollen mich erdrücken,
ich weiß nicht ein noch aus.
Gott, sei gnädig und hilf.
Gib Kraft zu tragen, was Du schickst,
laß die Furcht
nicht über mich herrschen.
...

hungernd nach Farben, nach Blumen,
nach Vogelstimmen,
dürstend nach guten Worten,
nach menschlicher Nähe,

... Es ist unendlich viel leichter,
in Gemeinschaft zu leiden
als in Einsamkeit.
Es ist unendlich viel leichter,
öffentlich und unter Ehren zu leiden
als abseits und in Schanden.
Es ist unendlich viel leichter,
durch den Einsatz des leiblichen Lebens
zu leiden als durch den Geist. ...

... Was ich nicht mehr für möglich hielt, ist geschehen, ja, es ist mir zugfallen. Ich darf noch einmal lieben und geliebt werden und ich darf zum ersten mal in solcher Liebe froh sein und auf Erfüllung hoffen. Maria, dafür danke ich Dir. - ...

Auszug eines Briefes Dietrich Bonhoeffers an seine Verlobte, 29. Mai 1944

zitternd vor Zorn über Willkür
und kleinlichste Kränkung,
umgetrieben vom Warten
auf große Dinge,

Es gibt Zeiten,
in denen uns alles Wirkliche
so rätselhaft ist
und so bedrängt,
daß uns jedes direkte Wort
das Geheimnis Gottes zu zerstören scheint,
daß wir nur noch andeutend
von letzten Dingen sprechen
und sprechen hören wollen.
Alles, was wir über unseren Glauben
zu sagen vermögen,
scheint dann so matt und leer
gegenüber dem Wirklichen,
das wir erleben
und hinter dem wir
ein unaussprechliches Geheimnis glauben.

ohnmächtig bangend um Freunde
in endloser Ferne,
müde und zu leer zum Beten,
zum Denken, zum Schaffen,

Die Angst ist ein Netz,
das uns der Böse überwirft,
damit wir uns verstricken
und zu Fall kommen.
Wer Angst hat, ist schon gefallen.

... Aber ich habe immer wieder die Erfahrung gemacht, je stiller es um mich herum geworden ist, desto deutlicher habe ich die Verbindung mit Euch gespürt. Es ist, als ob die Seele in der Einsamkeit Organe ausbildet, die wir im Alltag kaum kennen. So habe ich mich noch keinen Augenblick allein und verlassen gefühlt. ...

Auszug eines Briefes Dietrich Bonhoeffers an seine Verlobte, 19. Dezember 1944

matt und bereit,
von allem Abschied zu nehmen?

... Wir können den Tod nicht mehr so hassen,
wir haben in seinen Zügen etwas von Güte entdeckt
und sind fast ausgesöhnt mit ihm.
Im Grunde empfinden wir wohl,
daß wir ihm schon gehören,
und daß jeder neue Tag ein Wunder ist. ...

Wer bin ich? *Der oder jener?*

... Ich frage mich selbst oft,
wer ich eigentlich bin,
der, der unter diesen gräßlichen Dingen hier
immer wieder sich windet
und das heulende Elend kriegt,
oder der, der dann mit Peitschenhieben
auf sich selbst einschlägt
und nach außen hin
(und auch vor sich selbst)
als der Ruhige, Heitere, Gelassene, Überlegene dasteht
und sich dafür bewundern lässt?...

Bin ich denn *heute dieser*
und morgen ein anderer?
Bin ich beides zugleich?

Ich versinke in Grübeln.
Ich versenke mich in der Finsternis Grund.
Du Nacht, voll Frevel und Übeln,
tu dich mir kund!
Warum und wie lange zehrst du an unsrer Geduld?
Tiefes und langes Schweigen;
Dann hör ich die Nacht zu mir sich neigen:
Ich bin nicht finster, finster ist nur die Schuld!

Vor Menschen *ein Heuchler*
und vor mir selbst ein verächtlich
wehleidiger Schwächling?

Fern oder nah
in Glück oder Unglück
erkennt der eine im andern
den treuen Helfer
zur Freiheit
und Menschlichkeit.

… Draußen ist ein trüber Regentag, der so recht zu dem vergeblichen Warten auf Klärung und Aufhellung paßt. Aber wir wollen keinen Augenblick vergessen, für wie vieles wir dankbar sein müssen und wieviel Gutes wir immer noch erfahren; ich brauche dabei nur an Dich zu denken und jede kleine Trübung der Seele wird wieder hell. …

Auszug eines Briefes Dietrich Bonhoeffers an seine Verlobte, 12. August 1943

Oder gleicht, *was in mir noch ist,*
dem geschlagenen Heer,
das in Unordnung weicht
vor schon gewonnenem Sieg?

Es gehört zu den erstaunlichsten,
aber zugleich unwiderleglichsten Erfahrungen,
daß das Böse sich
- oft in einer überraschend kurzen Frist -
als dumm und unzweckmäßig erweist.

Wer bin ich? *Einsames Fragen treibt mit mir Spott.*

Es ist der Vorzug und das Wesen der Starken,
daß sie die großen Entscheidungsfragen stellen
und zu ihnen klar Stellung nehmen können.
Die Schwachen müssen sich immer
zwischen Alternativen entscheiden,
die nicht die ihren sind.

… Vor mir hängt Dein Bild, mit dem ich mich wochenlang begnügen muß, aber nun höre ich wieder Deine Stimme. Dein Lachen – nicht wahr, auch wenn wir lachen, sind wir ein bißchen traurig? – ich sehe Deine Augen, ich spüre Deine Hand. Alles ist wieder ganz wirklich. Wie soll ich Dir für alles danken; ich kann es nicht, ich kann Dir nur sagen, daß alles gut ist, wenn Du bei mir bist. …

Auszug eines Briefes Dietrich Bonhoeffers an seine Verlobte, 10. November 1943

Wer ich auch bin, *Du kennst mich,*

In mir ist es finster, aber bei Dir ist Licht
ich bin einsam, aber Du verläßt mich nicht
ich bin kleinmütig, aber bei Dir ist Hilfe
ich bin unruhig, aber bei Dir ist Frieden
in mir ist Bitterkeit, aber bei Dir ist die Geduld
ich verstehe Deine Wege nicht, aber Du weißt
den rechten Weg für mich.

Dein bin ich, *o Gott!*

Von guten Mächten wunderbar geborgen
Erwarten wir getrost, was kommen mag.
Gott ist bei uns am Abend und am Morgen,
und ganz gewiß an jedem neuen Tag.

Bibliografische Information Der Deutschen Bibliothek
Die Deutsche Bibliothek verzeichnet diese Publikation in der Deutschen Nationalbibliografie; detaillierte bibliografische Daten sind im Internet über http:\\dnb.ddb.de abrufbar.

Quellennachweis:

S. 19, 23, 27, 35, 39 (jeweils unten) aus: Brautbriefe Zelle 92, Dietrich Bonhoeffer – Maria von Wedemeyer 1943 – 1945, Hrsg. Ruth-Alice von Bismarck und Ulrich Kabitz. © C. H. Beck, München.
Alle übrigen Zitate: Dietrich Bonhoeffer Werke (DBW). © Gütersloher Verlagshaus GmbH, Gütersloh:
Wer bin ich?: DBW 8. 513f., S. 11: DBW 8. 522, S. 13: DBW 6. 288, S. 15: DBW 8. 36, S. 17: DBW 8. 358f., S. 19: DBW 14. 854, S. 21: DBW 8. 208, S. 23: DBW 8. 35, S. 25: DBW 16. 194f., S. 27: DBW 13. 345, S. 29: DBW 8. 37, S. 31: DBW 8. 235, S 33: DBW 8. 520, S. 35: DBW 8. 589, S. 37: DBW 8 .29, S. 39: DBW 8. 551, S. 41: DBW 8. 204f., S. 43 DBW 8. 608.
Alle Bonhoeffer-Texte folgen der alten Rechtschreibung.

Fotonachweis:

S. 10, 28: © Karlheinz Klubescheidt, Rheda-Wiedenbrück; S. 12: © Pieter Jos van Limbergen, Köln; S. 14: © Wolfgang Ehn, Mittenwald; S. 18, 40, 42: © Gerd Weissing, Nürnberg; S. 20: © Fridmar Damm, Köln; S. 24: Reinhard Kemmether, Nürnberg; S. 26: © Werner Heidt, Mannheim; S. 32: © Corbis, Düsseldorf; S. 36: © Peter Santor, Karlsruhe. Alle übrigen Fotos: Archiv Gütersloher Verlagshaus GmbH, Gütersloh

ISBN 3-579-07110-6
2. Auflage, 2005

Reproduktion: MohnMedia, Mohndruck GmbH, Gütersloh
Druck und Bindung: Těsínská Tiskárna, Česky Těšín
Printed in Czech Republic

www.gtvh.de